D1669915

Este título forma parte de la colección *Vivir juntos,*
una creación de Bayard Éditions Jeunesse.

Dirección editorial
Ricardo Ares, Pedro Miguel García

Textos
Gwenaëlle Boulet, Martine Fournier,
Charlotte Ruffault, Nathalie Diochet

Ilustraciones
Catherine Proteaux, Béatrice Veillon, Régis Faller

Diseño gráfico
José Luis Silván

Corrección
Dulce Toledo, Álvaro Santos

© SAN PABLO 2006 (Protasio Gómez 11-15. 28027 Madrid)
Tel. 917 425 113 - Fax 917 425 723
secretaria.edit@sanpablo.es
© Bayard Éditions Jeunesse, París 2002

Título original: *Vivre ensemble. Filles et garçons*
Traducido por *María Jesús García González*

Distribución: SAN PABLO. División Comercial
Resina, 1. 28021 Madrid * Tel. 917 987 375 - Fax 915 052 050
www.sanpablo.es - ventas@sanpablo.es
ISBN: 84-285-2940-X
Depósito legal: M. 32.516-2006
Impreso en Artes Gráficas Gar.Vi. 28970 Humanes (Madrid)
Printed in Spain. Impreso en España

Vivir juntos

Niños y niñas

SAN PABLO

Guía para ser un buen ciudadano

Capítulo 1

Yolanda

Carlos

Karina

¡Si me atreviera!

A Yolanda le gusta Carlos, y le da vergüenza decírselo…

—Bueno, vale, esta vez sí. ¡Voy a lanzarme! ¡Claro! Hace ya cuatro meses que me gusta Carlos González, el chico más guapo, más simpático y más inteligente del colegio, y todavía no me he atrevido a decírselo. No es que sea tímida, pero Karina, mi mejor amiga, no deja de decirme que espere, espere, espere… Mira, ella siempre dice esto:

—Te lo aconsejo, Yolanda, no deberías ir a decírselo. Las chicas no hacen eso. Yo creo que si le gustas a él, es él quien debe venir a decírtelo. ¿No estás de acuerdo?

—Sí, pero si resulta que es supertímido y no se atreve…

—¡Bah, qué dices! ¿Desde cuándo son tímidos los chicos? ¡Vaya novedad! ¡Fíjate en él! Mira como tu Carlos se dedica todo el tiempo a jugar

al fútbol y a pelearse, ¡me sorprendería que fuera tímido!

—Bueno, pero, en realidad, no veo qué tiene que ver eso…

—¿Que qué tiene que ver? ¡Los chicos no piensan más que en el fútbol y en sus videojuegos, y pasan totalmente de nosotras!

Y aquí vuelve a darse aires de princesa:

—Las chicas somos sensibles, frágiles. Mientras que los chicos son unos brutos. Mira, no creo ni que tengan sentimientos…

De pronto, mirando cómo Karina se coloca los rizos, con la mirada perdida en el vacío, me digo que se ha pasado un poco.

Yo no creo de verdad esas historias de princesas y brutos. Y además, todo el mundo sabe que, en todos los cuentos, los príncipes encantados son muy simpáticos. ¡Está decidido! ¡Esta vez voy! ¡Ahora! ¡Ay! Carlos está con sus amigos… Va a ser difícil pillarle a solas. Además, estoy muy nerviosa… ¡Las tripas me hacen ruido y mis piernas parecen gelatina!

¿Y si Karina tiene razón? ¿Y si no quiere saber nada de mí, ni de las chicas en general? ¿Y si esto no era más que una tontería? ¡Pasaría más vergüenza que en toda mi vida! Estoy a punto de dejarlo pasar, cuando oigo que me llaman:

—¡Yolanda, espera! ¿Puedo decirte una cosa?

—Eh… sí…

Es Carlos, todo colorado, que titubea delante de mí. Y yo no estoy mucho mejor que él. Parecemos dos bobos.

Al final acaba diciendo a media voz:

—Pues que… quería saber si… si… si te gustaría ir a patinar conmigo el miércoles.

¡Uau! ¡Qué contenta estoy! El único problema es que patinar no es precisamente mi fuerte. Prefiero decírselo enseguida:

—¿Sabes? El caso es que no soy muy buena patinando.

Carlos sonríe:

—Ah, bueno, yo tampoco, ¿sabes? No soy muy bueno, ¡soy malísimo! ¡Pero será divertido!

¿Ves? Ya sabía yo que los chicos no eran todos unos brutos.

¿En qué se diferencian?

Yolanda y Carlos se gustan, pero no se atreven a decírselo el uno al otro. Entre chicas y chicos, a veces es difícil comunicarse.

Niña:
Persona de sexo femenino, que más adelante se convertirá en mujer, capaz de dar a luz a un bebé.

Niño:
Persona de sexo masculino, que más adelante se convertirá en hombre, capaz de tener un bebé con una mujer.

Los seres humanos se distinguen de los demás seres vivos porque hablan entre ellos. También tienen emociones y sentimientos, y saben contar sus sueños. Y además, pueden reflexionar, imaginar algo que no existe, e incluso acordarse de lo que han vivido. **Niñas** y **niños**, con el tiempo mujeres y hombres, somos seres humanos.

Diferencias físicas

Al nacer, todos los niños son diferentes. Pueden tener el cabello castaño, rubio o pelirrojo… Cuando llora, un bebé puede tener la voz grave o aguda. Pero, sobre todo, cada uno nace con un sexo definido: niña o niño.

La niña tiene ovarios

El niño tiene testículos

Pero el aparato sexual no es la única diferencia física entre niñas y niños. Los científicos han observado diferencias de funcionamiento del cerebro.

Normalmente las niñas empiezan a hablar antes que los niños

Generalmente los niños son más trepadores que las niñas.

Todos somos seres humanos.
Pero somos diferentes.

Diferencias psicológicas

Desde que nace, el bebé experimenta sentimientos y, según sea niña o niño, los experimenta de distinta forma. Por ejemplo:

Las niñas hacen más muecas, sonríen, vocalizan.

Los niños reaccionan más con gritos y gestos más vivos.

Se dice con frecuencia que las niñas son más sensibles, más emotivas, más coquetas… y que los niños son más fuertes, más coléricos…
Sin embargo, hay niñas que se pelean, y niños a quienes les gustan los mimos.
En realidad, en cada ser humano hay gran cantidad de gustos y emociones diferentes, que cada uno experimenta según su personalidad.

En cada ser humano hay una parte femenina y otra masculina.

Cómo son las niñas, cómo son los niños

El bebé nace niña o niño, y se reconoce como tal hacia los dos o tres años. Al crecer, las niñas tienden a actuar como su madre, y los niños como su padre.

A las niñas les gusta jugar a las muñecas y a las cocinitas.

A los niños les gusta jugar al balón y a los coches.

Cuando son pequeños, a los niños y a las niñas no les gusta mezclarse, prefieren jugar por separado. Y luego, un día, empiezan a mirarse de forma diferente, a sentir una atracción unos por otros.

¿Qué hacen las niñas, qué hacen los niños?

A menudo, sin quererlo, los adultos hacen diferencias entre niñas y niños. No se comportan de la misma manera ante cada uno de ellos.

Los profesores tienden a preguntar dos veces más a los niños que a las niñas en clase (quizá porque las niñas son más discretas).

A menudo, una niña oirá decir a sus padres: «Sé buena, préstale tu juguete», y un niño: «¡Defiéndete!, ¡no te dejes!».

Desde su nacimiento, animamos a la niña a que sea lista, dulce y alegre, y al niño a ser fuerte, ágil y valiente. Entonces, unos y otros se convierten en lo que esperamos de ellos, y quienes no juegan según las reglas tienen dificultades para hacerse aceptar.

**El rosa para las niñas, el azul para los niños...
¿Y por qué no al revés?**

¡Te toca a ti!

Ponte en el lugar de esta niña.

¿Qué harías si te encontraras en la misma situación?

Quizá encuentres tu respuesta en la página 20.

**Durante el examen de geografía, Julián,
que no se ha estudiado la lección, intenta copiar de Julia.**

¡Te toca a ti!

Ponte en el lugar de este niño.

¿Qué harías si te encontraras en la misma situación?

Quizá encuentres tu respuesta en la página 21.

**Hoy es día de dictado. Julia, que comete muchas faltas,
va a intentar copiar de Julián.**

¿Cómo reaccionas?

1 Se lo dices a la profesora

No quieres arreglar el problema por ti misma, crees que es la profesora quien debe castigar a los tramposos. ¿Y si le evitas el castigo a tu compañero?

2 No dices nada, es amigo tuyo

Lo que más te importa es no enfadarte con Julián. Pero, en la amistad, es mejor cuando se cuentan las cosas y se tratan de arreglar juntos los problemas.

3 Le das un pisotón

Estás harta de que Julián copie de ti. Pero si le pisas puede que grite. ¿Crees de verdad que vuestra pelea lo solucionará todo?

4 Cometes errores en tu examen a propósito

Es una broma, para demostrarle que no siempre puede contar contigo. La risa es una buena idea. Pero cuidado: con este jueguecito te arriesgas a sacar malas notas tú también.

¿Cómo reaccionas?

1 De la rabia, rompes el cuaderno de Julia

Te molesta que Julia haga trampas y saque buenas notas gracias a ti. Pero actuando de esta manera corres el riesgo de que la profesora te castigue.

2 Tapas tu examen con tu brazo

Es verdad, copiar no es respetar las reglas. Pero si se lo permites, Julia volverá a hacerlo cada vez que haya dictado. ¿Por qué no le dices que no te gusta que lo haga?

3 Te burlas de ella, pero no le dices nada a la profesora

Quieres mucho a Julia. Y burlándote amablemente de ella puedes hacerte comprender que copiar no es ninguna solución y que un día u otro la profesora se dará cuenta.

4 No dices nada en ese momento, lo arreglarás más tarde, durante el recreo.

¿Estás seguro de que la venganza es eficaz y de que va a dejar de hacer trampas? Deberías aprovechar el recreo para hablarlo con ella.

Capítulo 2

Tino

Sara

Fran

Un baile para dos enamorados

Me llamo Tino, ¡y me apasiona el ballet!

—Está bien, Tino, ¡puedes irte!

—Gracias, señorita…

Hoy me he ido antes del colegio, porque tengo que ir obligatoriamente al teatro para la función de ballet.

El espectáculo va a comenzar dentro de dos horas y necesito tiempo para prepararme. Este año tengo yo el papel principal en la función, así que debo A-SE-GU-RAR.

Al pasar por delante de Fran y Alejandro, les oigo reír burlonamente:

—¡Pfff! ¿Has visto qué nenaza?

—¡Ja! ¿Crees que saldrá a escena con un tutú rosa?

—Ya te lo diré mañana. Mi hermana baila con él, ¡así que voy a ir a verlo! ¡Va a ser divertidísimo! Y los dos estallan riéndose y contoneándose sobre las sillas imitando a las bailarinas.

Desde que hago ballet, estoy acostumbrado a las burlas. He oído de todo de boca de mis compañeros: desde «niña» a «muñequita», pasando por «nenaza». Ya les he explicado más de diez mil veces que la danza no es algo exclusivo de las niñas… pero no hay nada que hacer, están completamente cerrados.

¡Y pensar que el tonto de Fran va a ir esta noche! En el teatro, todo el mundo está ya vestido y listo para el calentamiento. La señorita Stück, la profesora, da palmadas:

—¡Vamos, vamos, todo el mundo a su sitio! Os recuerdo que el espectáculo comienza dentro de

dos horas, hay que calentar los músculos!
Mientras me pongo las zapatillas, oigo una dulce
voz: —¡Hola, Tino! ¿Qué tal?

¡Es Sara! En cuanto oigo su voz, se me pone la
cara como un tomate. Es que Sara es la niña más
guapa del ballet. De hecho, creo que es la niña
más guapa de la ciudad, de España, ¡y quizá del
mundo entero! Es mi compañera en la función.
Por eso también, este año, ¡me encanta la danza!
Digo tartamudeando:

—Bien… Estoy un poco nervioso, pero ahora se me pasará.

Sara se entusiasma:

—¿Un poco nervioso? ¡Qué suerte tienes! ¡A mí me duele la tripa y no puedo ni respirar! ¿Puedes creerte que vayamos a salir ahora mismo?

—¡Vamos, cada uno a su puesto! ¡Todos a la barra! –grita la señorita Stück. Mientras tanto, la sala se llena. Se oye un gran murmullo. De repente me acuerdo de Fran. Va a burlarse de mí. ¡Qué mala suerte!

De pronto, la música comienza, y se levanta el telón. Me impulso como un pájaro. Ya no estoy nervioso, no tengo ninguna duda. Tengo que

confesar que, desde hace un mes, no pienso
en otra cosa día y noche. Sara es genial: nunca
habíamos bailado tan bien. Al final de la función,
todo el mundo se pone en pie para aplaudir:

—¡Bravo, bravo!

Estoy loco de alegría. Sara también. Y mientras
todo el mundo nos mira, Sara me da un beso en la
mejilla para felicitarme. Por supuesto, me pongo
aún más colorado que antes, pero no soy yo solo.
En la segunda fila, veo a Fran, que está rojo… ¡de
celos y de rabia!

—Eh, amigo, esto no va a pasarte nunca en tu
club de fútbol. Un consejo: si quieres triunfar, no
tienes más que apuntarte a danza…

¿Qué papel tiene cada uno?

A Tino le encanta el ballet. Pero sus compañeros de clase se burlan de él. ¿Por qué no le iba a gustar a un niño el ballet, igual que a una niña?

Desde la Prehistoria, los hombres y las mujeres comparten las tareas para sobrevivir. En aquella época los hombres cazaban mientras que las mujeres se ocupaban del fuego. Hoy ocurre lo mismo en ciertos países del mundo, pero no en los países industrializados, donde las niñas y los niños viven cada vez más de la misma forma. Sin embargo, en la televisión, en la publicidad, la sociedad reproduce los **estereotipos:** los niños son fuertes y conducen coches, las niñas son coquetas y cocinan.

Estereotipos
Modelos que reproducimos por costumbre, sin reflexionar sobre ellos.

El papel de las niñas, el papel de los niños

Según el entorno en el que viven, las niñas y los niños no son preparados para representar el mismo papel una vez que se hacen adultos.

En la isla de Taquilé, en Perú, los hombres confeccionan los gorros mientras las mujeres trabajan en el campo.

En Japón, en ciertas familias, las mujeres sirven a su marido, que se sienta solo a la mesa.

En Europa, hombres y mujeres trabajan mientras sus hijos están en la guardería.

Las niñas y los niños se comportan también de distinta forma según la época o la sociedad en la que viven: cada uno evoluciona en función de su entorno.

Durante mucho tiempo, conducir y fumar eran comportamientos considerados como masculinos.

Durante mucho tiempo, ocuparse de los bebés estaba reservado a las mujeres. Hoy los padres también educan a sus hijos.

En la actualidad, en nuestra sociedad, ser niño o niña tiene menos importancia que antes, cada uno puede tener el papel del otro.

Todos juntos al colegio

Las niñas y los niños no siempre han ido juntos al colegio. Hace sólo cincuenta años la mayoría de los colegios eran sólo de niños o sólo de niñas. Estar mezclados es más justo, porque se recibe la misma enseñanza.

A nivel escolar se ha constatado que las niñas obtienen mejores resultados que los niños y que se interesan cada vez más por las ciencias y las matemáticas, cosa que no ocurría antes.

A pesar de todo, en las escuelas técnicas e ingenierías la mayoría son chicos. Pero las cosas están cambiando poco a poco.

**El colegio es también el lugar donde niñas y niños
conviven y aprenden a conocerse.**

¡Ahora todas las chicas quieren trabajar!

Desde hace cincuenta años, las chicas estudian y buscan un empleo igual que los chicos. Y en la actualidad, en muchas profesiones, las mujeres trabajadoras igualan en número a los hombres. Poco a poco realizan trabajos que estaban reservados tradicionalmente a los hombres.

Aunque la mayoría de las mujeres tiene un empleo, y una ley promulga la igualdad de hombres y mujeres en el trabajo, se les confían menos puestos de responsabilidad. Y además, en un mismo puesto de trabajo, ellas perciben un sueldo inferior al de los hombres.

En igualdad de competencias y trabajo, se ha constatado una diferencia del 25% entre los salarios de los hombres y de las mujeres.

¿Qué papel juegan las madres, qué papel juegan los padres?

Antiguamente las mujeres se quedaban en casa para ocuparse del hogar. Hoy la mayor parte de las mujeres quieren trabajar y seguir teniendo una vida familiar. Tras su jornada laboral, se hacen cargo de la mayoría de las tareas domésticas y del cuidado de los niños. Por eso a veces se dice que las mujeres tienen una doble jornada laboral.

Cuadro comparativo de empleo del tiempo H/M en horas semanales

	Mujeres	Hombres
Trabajo fuera de casa	35	35
Tareas domésticas, cocina...	30	11
Educación de los niños	21	13

Según esta tabla, los papás cuentan con 27 horas a la semana más que las mamás para hacer cualquier cosa.

Poco a poco están cambiando las relaciones en muchas familias: los padres se ocupan más de sus hijos.

¡Te toca a ti!

Ponte en el lugar de esta niña.

¿Qué harías si te encontraras en la misma situación?

Quizá encuentres tu respuesta en la página 36.

Todos los días, durante el recreo, los niños juegan un partido de fútbol. Esta vez le han pedido a Malika que sea su árbitro.

¡Te toca a ti!

Ponte en el lugar de este niño.

¿Qué harías si te encontraras en la misma situación?

Quizá encuentres tu respuesta en la página 37.

En este momento, en el recreo, el juego más popular es la goma. Nina pide a Sebastián que participe en el juego.

¿Cómo reaccionarías?

1 Aceptas, te encanta el fútbol.

Has hecho bien en decir que sí. ¡Está muy bien darse un gusto! Y tú lo obtienes con el fútbol. Además es la ocasión de jugar con los chicos. ¡Qué suerte!

2 No sabes qué hacer, temes no estar a la altura.

Dudas de tus capacidades y te preguntas si podrás arbitrar tan bien como un chico. ¿Y qué importa? Lo importante es participar y divertirse juntos.

3 Te niegas porque temes que tus amigas se rían de ti.

Es una pena renunciar a una experiencia por temer las reacciones de los demás. Si realmente tienes ganas, ¡adelante! Después todas ellas querrán ser como tú.

4 Les dices que prefieres jugar en vez de arbitrar.

A lo mejor te dicen que no, pero después de todo, si los chicos te han pedido que juegues con ellos, es porque confían en ti. También puedes darles tu opinión.

¿Cómo reaccionarías?

1 Aceptas, porque quien te lo propone es Nina, la chica que te gusta.

¡Estás contentísimo! Es fantástico sentirse apreciado y pasar buenos momentos con las personas que queremos.

2 Aceptas porque crees que será genial.

¿Eres entusiasta, te gustan las novedades? Está bien sentir curiosidad. Es la ocasión de descubrir el juego más popular de tu colegio.

3 No sabes qué hacer: es un juego de niñas, crees que no te va a gustar.

¿Y por qué no lo intentas? No pierdes nada. Y a lo mejor pasas un buen rato. Y además, si te gusta, mejor para ti, y si no te gusta, peor para ti.

4 Dices inmediatamente que no: te da miedo jugar tú solo con niñas.

¡Es una pena decir que no! Venga, ten valor. ¿Por qué hacer bandas? Si te lanzas, tus compañeros querrán imitarte.

Capítulo 3

La rebelión de los campeones

Algo pasa en el club de balonmano.
Sólo hay lugar para los chicos. Las chicas han decidido
organizar algo para que por fin se hable de ellas...

3

Niños o niñas, ¿hacia la igualdad?

Hoy, en nuestra sociedad, se han votado numerosas
leyes para permitir la igualdad entre chicas y chicos.
Pero aún hay injusticias.

3

¡Te toca a ti!

–A Laura le gustaría ir a la piscina el viernes
por la tarde, pero su padre no la deja.
Si fueras una chica, ¿cómo reaccionarías?
–La madre de Fabián le ha pedido que recoja el
lavavajillas, pero hay un partido en la tele.
Si fueras un chico, ¿cómo reaccionarías?

3

Lisa

y sus amigas

La rebelión de los campeones

Algo pasa en el club femenino de balonmano.

—¡No puedo creerlo!

—¿Qué pasa?

—¿Pero has visto esto? Los chicos acaban el torneo en el segundo puesto y sacan su foto en el periódico, y a nosotras, que hemos ganado la copa, ¡nos dedican sólo tres líneas! Es totalmente injusto.

39

¿Sabes qué? ¡Que estoy indignada! Es verdad, en este club sólo se ocupan de los chicos. Nosotras somos las mejores, y a todo el mundo le da igual. ¡Pero esta vez esto no va a quedarse así!

—¡Estefanía, Lidia, Tatiana! ¡Venid a ver esto! Cuando las chicas ven la foto, se ponen a gritar a la vez:

—¡No puedo creerlo! ¡Es injusto!

—¡Debe tratarse de un error!

—¡No me gusta nada!

Frente a la indignación general, decido poner manos a la obra:

—Bueno, chicas, estaréis de acuerdo en que, esta vez, se han pasado de la raya. Hay que hacer algo para que se hable de nosotras en el club. No hay razón para que, siendo iguales…

Estefanía me corta:

—¡Siendo mejores!

—Sí, que siendo mejores no se hable nunca de nosotras. Nos tratan como deportistas de segunda clase, ¡es inaceptable!

¡Uau! De pronto, me siento como el alma del

grupo. Esto me recuerda a mis padres, cuando gritaban con sus compañeros universitarios en las revueltas estudiantiles.

Mis compañeras me apoyan totalmente, y

decidimos poner en marcha un plan para el torneo de la semana siguiente…

Cuando llega el día «D» estamos excitadísimas.

Durante el torneo jugamos como profesionales. Ganamos tres partidos de tres. Y los chicos también. ¡Es perfecto para nuestro plan! Por supuesto, como de costumbre, son los chicos los que se suben primero en el podio. Pero esta vez, antes de que el fotógrafo les haga la foto, nos subimos al podio y blandimos la copa de los chicos gritando:

«¡La foto de los chicos sale en todos los periódicos! ¡De las chicas se olvidan aunque sean geniales!».

A nuestro alrededor, todo el mundo nos mira sorprendido. El alcalde nos pide que bajemos del podio y esperemos nuestro turno. ¡Pero no debemos ceder! ¡No hay foto sin nosotras, nos lo hemos prometido!

Después de unos minutos, viendo que no teníamos intención de movernos, el fotógrafo acaba por hacer la foto, chicas y chicos juntos. Tatiana está loca de alegría:

—¡Esto funciona! ¡Esta vez sí vamos a salir en el periódico!

—Sí… –dice Linda–. Pero la próxima vez habrá que inventarse algo para tener una foto que sea sólo nuestra. ¿Tenéis alguna idea?

¡Los Campeones!

Niños o niñas, ¿hacia la igualdad?

En el club de balonmano sólo hay sitio para los chicos. El equipo femenino ha decidido actuar para obtener las mismas ventajas que ellos.

Durante mucho tiempo, las mujeres han vivido bajo un **régimen patriarcal.** Debían obedecer a sus maridos. Desde el siglo XIX, y particularmente en los países industrializados, las mujeres lucharon para conseguir la igualdad con los hombres. Poco a poco fueron adquiriendo derechos políticos, sociales y familiares.

Pero aún hay desigualdades, sobre todo en los países pobres.

Régimen patriarcal
Organización fundada sobre el poder y la dominación del padre en la familia.

Lo masculino engloba lo femenino

¿**P**or qué decimos «los hombres» para definir el conjunto de seres humanos? Porque, en español, lo masculino engloba lo femenino, según una regla de gramática instaurada en el siglo XVII.

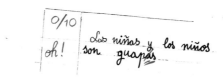

En nuestra sociedad, hay nombres de oficios que no suelen tener más que una forma masculina: fontanero, médico, ingeniero, impresor, camionero… Pero estas reglas están cambiando, los nombres de los oficios comienzan a feminizarse.

En España y países de habla hispana se han ido feminizando progresivamente los nombres de los oficios, aunque algunos términos aún se oyen poco.

Pero hay excepciones. Ciertos oficios, reservados tradicionalmente a las mujeres, sólo se emplean en femenino. Por ejemplo, no hay «matronos».

La evolución de las leyes sobre la familia

En otras épocas, el padre, llamado «cabeza de familia», tenía poder absoluto sobre su esposa y sus hijos. La mujer adoptaba el apellido de su marido cuando se casaba.

Una mujer casada debía pedirle a su marido permiso para trabajar.

También debía darle su sueldo.

Gracias a la lucha feminista, hoy todo ha cambiado. Desde la década de 1960, las leyes han ido instaurando progresivamente la igualdad entre ambos sexos. La mujer ya no es considerada sólo como esposa y madre. Es reconocida socialmente.

1961: se promulga una ley sobre los derechos políticos y profesionales de la mujer.

1978: la Constitución reconoció la plena igualdad jurídica de la mujer.

Derecho de voto, derecho a la política

La Constitución de 1869 instauró el sufragio universal, que quiere decir que todos los individuos mayores de edad son iguales y pueden votar. ¡Pero se dejó de lado a las mujeres! Hizo falta esperar hasta 1931 para que también ellas pudieran votar.

Durante la Revolución francesa, muchas mujeres fueron guillotinadas por haber reclamado los mismos derechos que los hombres.

En Inglaterra, y más tarde en otros países europeos, las mujeres obtuvieron el derecho al voto manifestándose. Se las llamaba: «sufragistas».

Todavía hoy hay pocas mujeres que participen en la vida política. Hace unos años había unas 10 diputadas por cada 90 diputados. Actualmente se ha aprobado una ley según la cual el 50% de los diputados que se presenten como candidatos a las elecciones deben ser mujeres.

El lugar de las mujeres en el mundo

En muchos países, las mujeres han adquirido prácticamente los mismos derechos que los hombres. Pero esto está lejos de ocurrir en todo el mundo.

En ciertos países islámicos, la mujer es considerada inferior. No es libre para elegir su marido, para estudiar, para salir sola.

En ciertos países africanos, un hombre puede tener varias esposas. Es la poligamia. Pero una mujer no puede tener varios maridos.

En la India, hay niñas pequeñas a las que sus padres casan muy jóvenes, sin su consentimiento, a cambio de un dinero con el que puede vivir el resto de la familia.

Aunque haya habido muchos progresos desde hace veinte años, todavía hay desigualdades. Hoy, mujeres y hombres de todos los países pueden comunicarse fácilmente entre sí. Es una oportunidad para cambiar las costumbres y aprender a vivir mejor todos juntos.

¡Te toca a ti!

Ponte en el lugar de esta niña.

¿Qué harías si estuvieras en la misma situación?

Quizá encuentres la respuesta en la página 52.

**Igual que hizo su hermano el verano anterior,
a Laura le gustaría ir a la piscina los viernes por la tarde,
pero su padre no la deja.**

¡Te toca a ti!

Ponte en el lugar de este niño.

¿Qué harías si estuvieras en la misma situación?

Quizá encuentres la respuesta en la página 53.

Esta noche, le toca a Fabián recoger el lavavajillas, pero hay un partido en la tele...

¿Cómo reaccionarías?

1 Estás furiosa, no quieres escuchar las razones que te da tu padre.

Sí, es injusto. Pero si te enfadas sin tratar de averiguar por qué tu padre ha tomado esa decisión, te expones a no mejorar la situación.

2 Pides a tu hermano que arregle el problema.

¿Y por qué no? A veces, cuando hay un problema entre dos personas, está bien llamar a alguien para que intente calmar la situación y ayudar a comunicarse.

3 No insistes, pero no has dicho aún tu última palabra.

En algunas situaciones está bien no insistir cuando uno está muy nervioso. Es mejor reflexionar y discutir más tarde con nuevos argumentos.

4 Decides convencerle tú misma.

¡Bravo! Si te apasiona la natación, ¿por qué ibas a renunciar a ella? Es bueno hacer elecciones y expresar tus deseos. ¡Y con calma es aún mejor!

¿Cómo reaccionarías?

1 Te niegas a hacerlo, crees que esa norma es estúpida.

Quizá te fastidie tener que hacer las mismas cosas que tu hermana. Pero, ¿por qué no ibas a participar tú en las tareas domésticas? Las tareas no están reservadas a los demás.

2 Dices que lo harás después del partido.

Quieres ver el partido en ese momento, ya harás tus tareas después. No hay ningún problema, si eso no le molesta a nadie. Lo importante es no olvidarte de hacerlo.

3 Tratas de llegar a un acuerdo con tu hermana.

¿Las suplencias están contempladas en el reglamento? Y por qué no, si tu hermana está de acuerdo. Pero cuando tu hermana te lo pida, tendrás que devolverle el favor.

4 No te apetece, pero lo haces de todas formas.

Está muy bien hacer un esfuerzo y respetar la organización de la familia. Viviendo juntos no podemos hacer siempre lo que nos gusta.

Vivir juntos

Guías para ser un buen ciudadano